AF322034

QUESTIONS SOCIALES

A LA PORTÉE DE TOUS

PAR LE CITOYEN

J.-B. CLÉMENT

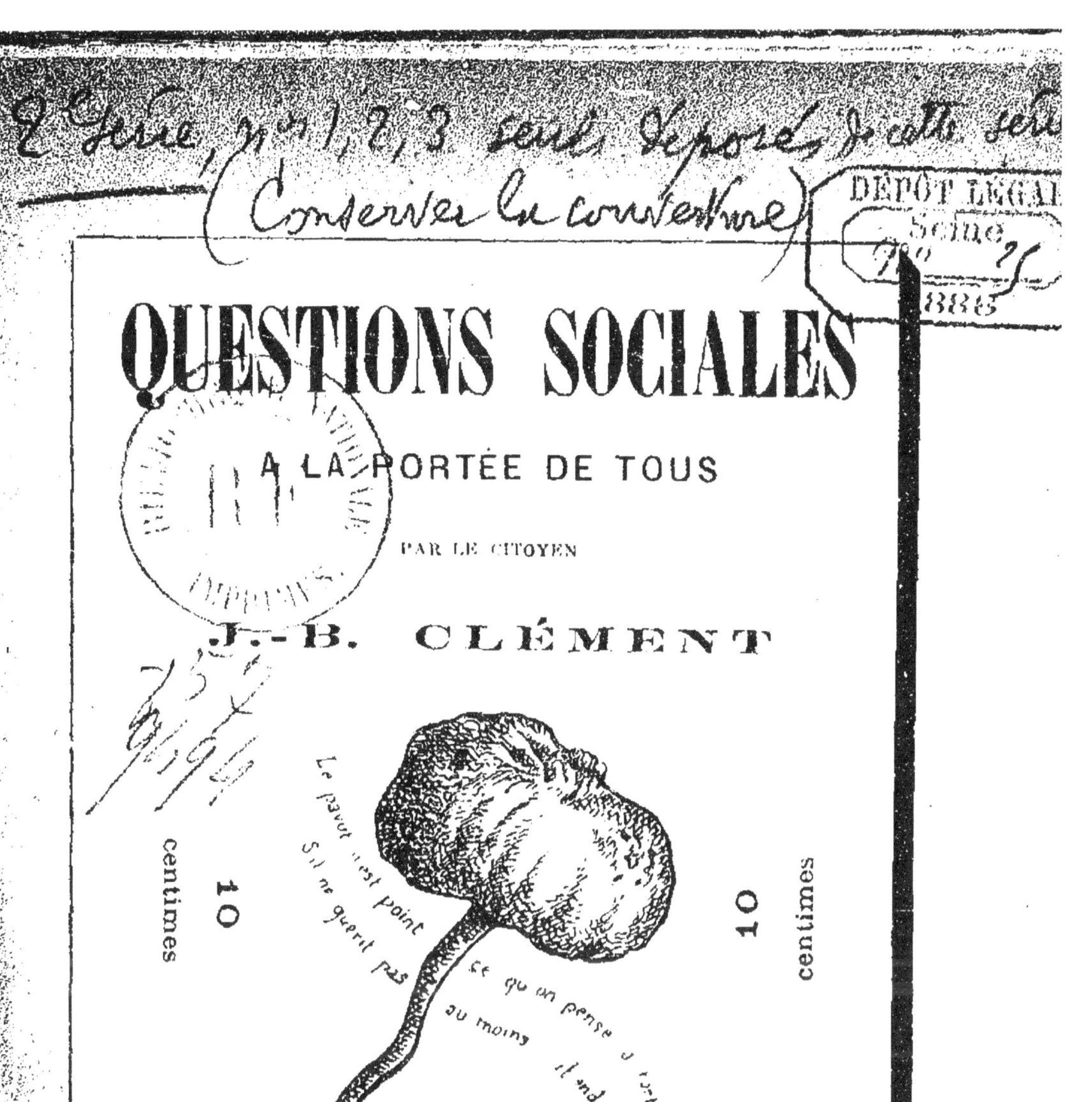

10 centimes

10 centimes

2ᵉ SÉRIE

N° 1

L'ABSTENTION

— Deuxième mille —

EN VENTE
58, Rue Grenéta, Paris (Imprimerie PERREAU)
ET CHEZ TOUS LES LIBRAIRES

I

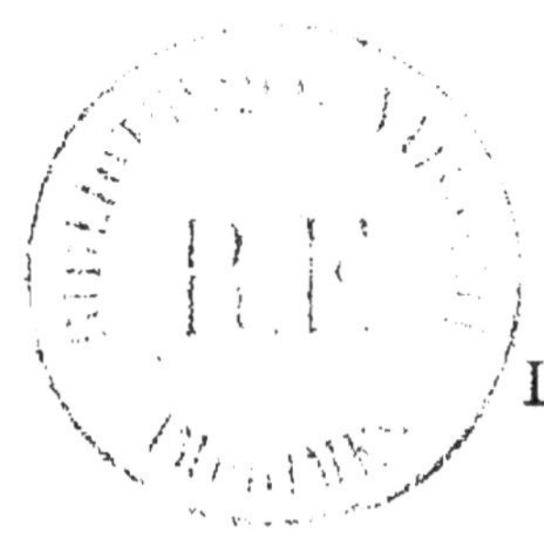

L'ABSTENTION

J'ai dit en terminant la première série des *Questions sociales à la portée de tous*, que nous passerions ici de la théorie à la pratique, et que nous prouverions que, en attendant la réalisation des *Considérants* que nous avons développés, il serait facile d'apporter immédiatement de grandes améliorations au sort des travailleurs, si, seulement, l'on voulait mettre en pratique le programme minimum du Parti ouvrier.

Ce programme, nous allons l'examiner, l'étudier, le commenter article par article. non-seulement pour répondre aux critiques de nos adversaires, mais surtout pour convaincre les victimes du salariat qui hésitent encore à venir à nous et qui votent contre leurs intérêts.

C'est bien d'avoir élaboré un programme, mais cela ne suffit pas. Pour en obtenir la réalisation, il lui faut des adhérents, et ces adhérents ne peuvent se recruter que parmi les électeurs. Il convient donc de s'adresser à ces derniers, de s'efforcer de réveiller ceux d'entre eux qui s'abstiennent par indifférence, de ranimer le courage des désespérés qui s'abstiennent par lassitude, et de combattre par des arguments sérieux les théories de ceux qui préconisent l'abstention.

Les raisons que donnent les abstentionistes par principes — qu'on me permette cette expression — sont nombreuses. J'en passerai, et non pas des meilleures, puisque je vais répondre à celles de leurs objections qu'ils considèrent eux-mêmes comme les plus sérieuses.

« Voter, disent-ils, c'est se donner des maîtres ; c'est faire abandon de sa liberté, de son initiative ; c'est confier à des individus des pouvoirs dont ils usent et abusent ; c'est laisser à des incapables et presque toujours à des fourbes, à des ambitieux, le soin de faire nos affaires, et nous saurions les faire nous-mêmes beaucoup mieux qu'eux. »

Et tout cela est absolument vrai.

« Et, ajoutent-ils, tous ces endroits où l'on parlemente sont des foyers de corruption ; les mieux intentionnés, les plus intègres s'y corrompent au contact des autres. Les ouvriers eux mêmes n'échappent pas à la contagion : voyez plutôt les Tolain, les Nadaud. »

Et, cela est encore vrai.

« Enfin, continuent-ils, quand bien même vous parviendriez à envoyer quelques hommes énergiques et incorruptibles dans les corps élus, à quoi cela servirait-il ? Leur voix ne serait-elle pas étouffée ? Ne seraient-ils pas perdus dans la masse ? Et supposons que vous arriviez à être en majorité, qui nous dit que vous ne vous empareriez pas du pouvoir pour vous mettre à la place des autres ? »

Enfin, et pour en finir, ils déclarent hautement que pousser le peuple à se servir du bulletin de vote, c'est l'endormir, c'est trahir la Révolution, c'est retarder l'heure suprême de la grande bataille sociale, c'est se montrer, comme les autres, avides de places, d'honneurs, et vouloir, comme eux, décrocher à tous prix les timbales électorales pour vivre aux dépens du peuple.

A nous voir rompre des lances les uns contre les autres sur le tremplin des réunions publiques, on ne croirait pas que nous sommes d'accord sur tant de points.

Mais c'est justement parce que nous avons constaté toutes ces vérités, que, dans le Parti ouvrier, on a résolu de poursuivre comme moyen, je pourrais dire comme remède, la conquête des pouvoirs publics. On a voulu ainsi éliminer des corps élus, ceux qui ne sollicitent les suffrages du peuple que pour s'en croire les maîtres dès qu'ils ont conquis un siège municipal ou législatif. On a voulu ainsi battre en brèche les parasites, les politiciens, les fourbes, les ambitieux en leur opposant des hommes énergiques, convaincus, dévoués à la cause des opprimés et des exploités; des citoyens qui, loin de prétendre ne relever que de leur conscience, tiennent au contraire à ne relever que de leurs électeurs dont ils se savent les simples interprètes. On a voulu, enfin que, loin d'abdiquer leur initiative, leur liberté, leur dignité entre les mains de leurs élus, les électeurs fussent, au contraire, en droit d'exiger que ces derniers en fussent les fidèles gardiens, les véritables défenseurs, et cela, justement pour amener le peuple à comprendre qu'il devrait faire ses affaires lui-même, et qu'il pourrait être, s'il le voulait, son propre défenseur.

Mais, ne nous égarons pas, et pour nous faire bien comprendre, examinons les uns après les autres les arguments des partisans de l'abstention.

L'accusation ou plutôt la crainte qu'exprime les abstentionistes de nous voir endormir les travailleurs en préconisant de toutes nos forces l'emploi du bulletin de vote, comme moyen en plus de beaucoup d'autres, est tout à fait mal fondé.

On aurait cent fois raison de nous reprocher d'être des endormeurs, de calmer l'impatience du peuple, d'entraver ses élans, si, avant qu'il fût en possession du suffrage universel, c'est-à-dire en droit d'exprimer sa volonté, il eût donné des preuves de sa virilité, s'il eût pour son compte et non pour celui des autres et des bourgeois en particulier, le sentiment de la révolte contre tout ce qui était injuste, contre ses oppresseurs et contre ses exploiteurs.

Mais on ne peut le nier, jusqu'en 1848, jusqu'au jour où le peuple ne fût pas appelé à élire ses représentants et par cela même à se mêler à la vie publique, il regarda tout d'un œil indifférent, il se laissa administrer, gouverner, baillonner, maltraiter sans la moindre protestation. Il ne compta guère que sur le dévouement de quelques hommes; il ne sortit guère de chez lui ou de l'usine que pour des questions de salaires à défendre, où s'il descendit dans la rue pour déchirer une cartouche et risquer sa vie derrière une barricade, se fût toujours pour les autres et jamais pour lui.

Et que lui faisait ce qui se passait dans les sphères gouvernementales, et, du reste, comment aurait-il pu le savoir, puisqu'il n'avait à lui ni représentant au Parlement, ni journaux, ni moyen de se réunir? Qu'avait-il à s'occuper de la chose publique puisqu'il n'avait pas voix au chapitre.

Cela est indéniable, c'est seulement à partir du jour où le peuple fut en possession du suffrage universel qu'il comprit que s'il avait des devoirs à remplir, il avait aussi des droits à faire prévaloir. Donc le bulletin de vote a eu et a encore son utilité ; depuis que la majorité des travailleurs est encore bien décidée à ne faire de la lutte que sur le terrain électoral, il faut, tout en les poussant en avant, tout en leur prouvant qu'il y aurait mieux à faire ; il faut, dis-je, prendre part à cette lutte, il faut prêcher par l'exemple jusqu'au jour où nous pourrons reléguer les urnes électorales dans les musées où reposent les antiquités, à moins qu'il ne nous plaise d'en faire des feux de joie et de les brûler en place publique en compagnie du Code et de bien autre chose encore.

On pourrait aussi nous accuser d'arrêter les élans du peuple, si, actuellement encore, après tant de souffrances endurées, si, après dix-huit ans de République, il manifestait seulement des semblants d'impatience, de révolte ! Si, aux jours d'élection, au lieu de vouloir se rendre aux urnes, il voulait courir aux armes et que nous le fissions rebrousser chemin, en supposant que nous en eussions le pouvoir. Mais, on le sait bien, tel n'est pas le cas. En moins de quelques années, et à plusieurs reprises, on a fait appel aux sans-travail, à de pauvres diables qui ne mangeaient pas tous les jours et qui devaient en avoir gros sur le cœur. On ne leur disait même pas de se trouver à tel ou tel rendez-vous pour manifester énergiquement, mais simplement pour qu'en les voyant défiler sur le boulevard ou ailleurs, les dirigeants se rendissent compte du grand nombre d'ouvriers sans travail qu'il y avait à Paris et de la misère dans laquelle le chômage les avait plongés, eux, leurs femmes et leurs enfants.

Eh bien, sur les 140 ou 150,000 sans-pain et sans-travail auxquels on fit appel, combien y en eût-il qui eurent le courage de se trouver au rendez-vous et de se joindre à cette manifestation, bien platonique, cependant? Quelques centaines à peine !

« Qui vous dit, m'objectera-t-on peut-être, que ce n'est pas parce que ces manifestations avaient un caractère trop pacifique que les las-de-vivre et les sans-travail ne jugèrent pas utile de se déranger? »

Non, là n'est pas la cause de leur désintéressement à ces manifestations, qui auraient pu avoir leur utilité, s'ils eussent été imposantes par le nombre des ouvriers sans travail, et, ce qu'il y a de triste à constater, c'est que ceux là même qui s'abstinrent de manifester au Champ-de-Mars et place de l'Hôtel-de-Ville, se gardèrent bien de s'abstenir aux jours d'élections et votèrent, comme par le passé, pour des candidats bourgeois plus ou moins radicaux.

« Pousser le peuple à voter, à faire usage d'un bulletin de vote, c'est, nous dit-on, l'encourager à la résignation, c'est l'habituer à se donner de nouveaux maîtres ; en un mot, c'est tromper le peuple et trahir la Révolution ! Mieux vaudrait dire aux travailleurs de se servir des bulletins de vote pour en faire des bourres à fusil ! »

Tout cela est très joli à dire dans les réunions publiques, pour obtenir les applaudissements de gens qui n'en pensent pas un mot et qui aiment beaucoup mieux entendre parler de fusils que de s'en servir. Puis, ces fusils, où sont-ils ? Y a-t-il un ouvrier sur cent qui en ait un chez lui ? Oh ! je sais bien qu'*aux grands jours* on finit bien par en dénicher quelque part. Mais dans tous les cas, nos adversaires acharnés, les dirigeants et les gouvernants ont mieux maintenant que des bulletins de vote à mettre dans les fusils avec lesquels ils sont encore tout disposés à nous faire canarder.

Il est grandement temps de ne plus nous payer de mots. Jusqu'ici, ça nous a coûté trop cher.

Ce n'est pas, on devrait le savoir et n'en plus douter, pour perpétuer le parlementarisme, pour faire de la politique, pour décrocher des timbales électorales, pour remplacer les bourgeois au pouvoir, pour créer des sinécures à quelques-uns d'entre nous, pour les élever au-dessus des autres, parce qu'ils seraient conseillers municipaux ou députés, que nous disons aux travailleurs que loin de s'abstenir, ils doivent, au contraire, se rendre en masse aux armes.

Nous ne cessons de le répéter : Nous savons par expérience que ce n'est pas seulement à l'aide du bulletin de vote que nous parviendrons à résoudre le problème social ; mais nous disons que c'est un moyen, un moyen en plus avec tous les autres. Oh ! si nous ne nous en tenions qu'à celui-là, on aurait bien raison de nous adresser des reproches sanglants et de nous traiter d'endormeurs. Mais non, bien au contraire, nous ne négligeons aucun des moyens qui nous paraissent bons à faire de la propagande socialiste révolutionnaire. Nous mettons tout en œuvre, nous dépensons notre vie, notre temps, nos quelques sous, pour éclairer les travailleurs et les exciter à réclamer leurs droits, et cela par la plume, par la parole, par les journaux, par les brochures, par les conférences, par les réunions publiques que nous multiplions, par les chansons, — puisque les pauvres chantent, — par les soirées familiales où nous attirons les ménagères, pour nous les attacher et faire en même temps l'éducation de leurs enfants, tout en les divertissant.

Puis, par les grèves où nous envoyons des délégués pour assister les ouvriers, pour les encourager à la résistance et les organiser. Enfin, en saisissant toutes les occasions, périlleuses ou non, d'arborer carrément en face du drapeau des bourgeois le drapeau des revendications prolétariennes.

C'est donc un moyen en plus que nous avons sur les abstentionistes pour remuer les masses, et ce moyen n'est pas un des moins actifs. Je vais le prouver.

Nous avons beau, et les abstentionistes aussi, multiplier en temps ordinaires, les conférences et les réunions publiques, nous avons beau faire tous les efforts, tous les sacrifices matériels et moraux pour y amener ceux qui auraient intérêt à nous entendre, huit fois sur dix, nous nous heurtons à leur indifférence. Ils n'y viennent pas, objectant qu'ils n'ont pas le temps, qu'après le travail ils ont besoin de se reposer, qu'ils n'ont pas toujours les 15 ou 20 centimes qu'il faut payer en entrant et qu'on n'exige même pas de ceux qui se disent sans ouvrage

On en est réduit à parler, sinon devant des banquettes, mais devant une centaine d'auditeurs dans une salle qui pourrait en contenir 12 ou 1,500 et trop souvent même sur ces cent auditeurs, les trois quarts sont des militants pour qui, naturellement, il est bien inutile de pérorer.

Et ce que je dis là n'est que malheureusement trop vrai. Les abstentionistes ne sauraient me démentir : Ils en ont trop de fois fait eux-mêmes la cruelle expérience.

Mais viennent les élections et tout change. Les salles de réunion et les préaux d'école ne sont plus assez vastes pour contenir les citoyens accourus de toutes parts pour entendre les candidats : et c'est alors que notre bonne besogne commence. Nous n'avons plus affaire au public ordinaire des réunions publiques ; nous avons là, sous la main, des travailleurs résignés qui ne sortent jamais de chez eux, qui s'atrophient à la lecture des journaux quotidiens soi-disant républicains, qui subissent le joug patronal persuadés que, s'il n'y avait pas de riches et de patrons, ils n'auraient plus un sou d'ouvrage, qui s'illusionnent sur la valeur intellectuelle de la classe dirigeante et de ses candidats; des travailleurs enfin qui n'ont jamais assisté à une réunion contradictoire et qui, surtout, ne croient pas aux capacités et, à peine même, aux convictions de ceux de leurs camarades de misère et de travail qui sont tous les jours sur la brèche et font de la propagande par tous les moyens en leur pouvoir.

Que faisons-nous alors? Nous leur exposons leur situation, la peine qu'ils ont à vivre, les misères qu'ils endurent, les injustices qu'ils subissent; nous leur démontrons qu'ils sont, non-seulement les victimes de l'organisation sociale, de l'exploitation capitaliste dont ils souffrent, que dis-je? dont ils meurent! mais qu'ils se font les complices de ceux qui les exploitent économiquement et politiquement en les supportant, alors qu'il n'y aurait qu'un coup d'épaule à donner pour renverser le vieil édifice social et fonder sur ses ruines le règne de la justice et de l'égalité.

Il faut souvent bien peu pour dessiller les yeux de ceux qui ont coutume de vivre dans l'obscurité parce qu'on a pris soin de leur cacher la chandelle sous le boisseau; et lorsqu'ils ont entendu dire ces choses en public, devant une assemblée nombreuse qui les a applaudites, ils se prennent certainement à réfléchir et s'en retournent chez eux, je ne dirai pas absolument transformés, mais beaucoup moins disposés à la résignation et à la soumission qu'ils ne l'étaient la veille. N'est-ce pas ainsi, du reste, que les militants ont été recrutés, que les groupes et les cercles se sont formés?

S'en étant trop rapporté aux méchantes langues et aux mauvais journaux, ils croyaient n'entendre débiter que des phrases et ils sont tout surpris d'entendre développer des idées. Ils se laissaient vivre, souffrir et mourir persuadés qu'il n'y avait aucun remède à leur situation, et ils sont forcés de reconnaître qu'il y a bien mieux qu'un remède, qu'il y a guérison, et guérison immédiate s'ils le voulaient.

Ils peuvent en outre s'apercevoir qu'on les a bernés quant aux capacités de nos adversaires. Il leur suffi pour cela de comparer les discours vides, rédigés d'avance et débités à froid, des candidats bourgeois et de leurs défenseurs, aux paroles sensées, raisonnées, émues, convaincues des citoyens, candidats ou non, qui viennent défendre à la tribune la cause des salariés, des exploités et des déshérités.

Non-seulement ils sont à même de juger de la valeur intellectuelle des candidats bourgeois, mais aussi du peu de consistance de leurs arguments et surtout de la confiance qu'ils doivent accorder à leurs promesses, toujours les mêmes et toujours remises aux calendes grecques.

« Mais alors, me dira-t-on, si l'on peut obtenir de pareils résultats par le moyen des réunions publiques électorales, pourquoi n'en profitez-vous pas pour aller jusqu'au bout, pour faire comprendre à tous ces résignés qu'il y a assez longtemps qu'on les trompe, qu'on les exploite, qu'on parlemente et qu'ils feraient beaucoup mieux de remplacer le bulletin de vote par le fusil. »

Ou bien encore : « Pourquoi ne pas profiter de la bonne fortune d'avoir là, sous la main, des milliers de citoyens pour leur faire comprendre que voter, qu'élire des députés, c'est se donner des maîtres, et que, pour bien prouver qu'ils n'en veulent plus, quelles que soient leurs bonnes intentions, ils n'ont qu'une chose à faire : s'abstenir. »

Dans le premier cas, ces mêmes résignés nous traiteraient d'enragés et s'éloigneraient de nous avec crainte, les uns disant : « Tout ça, c'est un tas d'agents provocateurs. » Les autres : « Ils nous parlent de courir aux fusils et nous n'en avons pas. En somme, ils ne feraient pas mal de nous donner l'exemple, puisqu'ils sont si impatients, qu'ils courent les premiers chercher leur fusil, si toutefois ils en ont. »

Dans le second cas, il se diraient : « Eh quoi, nous sommes électeurs, on nous appelle pour élire des représentants, et ceux qui se prétendent nos défenseurs nous conseillent de nous abstenir ! Mais alors, ce sera toujours la même chose, car dans ce cas, s'abstenir, c'est consentir ou se désintéresser. Allons donc, en attendant mieux, nous voterons, car nous ne croyons pas que le silence soit une protestation bien énergique. »

Et alors, faute de candidats socialistes révolutionnaires, ils continueraient à voter pour les mêmes programmes, pour les mêmes hommes, et nous serions ainsi condamnés à guerroyer longtemps encore à l'aventure sans connaître nos forces et perdant bien des nôtres en route.

Il m'a été dit souvent que la besogne de propagande que nous faisions dans les réunions électorales pouvaient se faire plus efficacement tous les jours dans les groupes, dans les cercles d'études, dans les ateliers, etc., etc. Mais cette propagande de chaque heure nous la faisons aussi et partout, en omnibus, où nous cassons la croûte. Quant à des groupes, à des cercles d'études, s'il en existe, mais c'est grâce justement à ces grandes réunions électorales. Tout cercle ou tout groupe qui péri clite en temps ordinaire se relève toujours aux époques d'élections et compte après un bon nombre de nouveaux adhérents. Et les adhérents qu'on fait à l'idée socialiste, à l'aide des élections, sont beaucoup plus nombreux, je le prouverai tout à l'heure et par des chiffres, qu'à l'aide de la propagande laborieuse, difficile qu'on fait tous les jours dans les ateliers où l'on rencontre tant de gouailleurs et tant d'indifférents, sans compter monsieur le patron qui vous invite à aller ailleurs conter vos boniments. Mais, je le répète, tel moyen de propagande n'empêche pas tel autre et, non contents, des moyens existants, nous nous creusons la cervelle à en inventer de nouveaux.

Tant qu'aux cercles d'études et aux groupes, c'est besogne faite quant à la propagande du moins; il ne reste plus, tout en recherchant constamment de nouveaux adhérents, bien entendu, qu'à s'efforcer de conserver ceux qui en font partie, et, il faut bien le dire, ça n'est pas toujours chose facile.

Pour donner les preuves que les campagnes électorales ont servi à la propagande de l'idée so-

cialiste révolutionnaire, je ne saurais mieux faire que de rappeler ici, et très succintement, les débuts du Parti ouvrier sur le terrain électoral. Voyons, pas de parti pris, qu'on s'en souvienne et qu'on juge. Lorsque l'on présenta à Paris, à Paris la ville dite des lumières et de la civilisation, lorsqu'on présenta, dis je, des candidatures ouvrières socialistes révolutionnaires en face des candidatures bourgeoises, mais on se demanda si les bonnes gens qui composaient le Parti ouvrier ne sortaient pas de Charenton ? On ne se contenta pas de tourner en ridicule, ou de l'essayer du moins, les courageux camarades qui acceptèrent la lourde tâche de relever le drapeau des revendications prolétariennes que la bourgeoisie croyait bien définitivement enterré avec les 35,000 fusillés de la semaine sanglante, on les dénonça comme des revenants de la Commune, comme des échappés de bagne et de prison. On les traita d'incendiaires, de pétroleurs, de pillards. On réédita, à leur adresse, les rengaines du *bon vieux temps*, on les appela fainéants et partageux ! « Comment, disait-on, on a eu la bonté d'amnistier ces coquins là et les voilà, à peine revenus, qui nous rappellent nos discordes civiles, qui parlent de socialisme et de drapeau rouge, de justice et d'égalité sociale ! Les voilà qui veulent envoyer dans les corps élus des ouvriers manuels pour y défendre les intérêts des salariés, pour y préconiser la socialisation des moyens de production, pour y combattre les *monopoles* et la propriété individuelle ! Allons donc ! le bon sens du peuple honnête et des électeurs en particulier saura bien faire justice de ces théories snbversives, et ça n'est pas de longtemps encore qu'on verra un socialiste révolutionnaire siéger soit à l'Hôtel-de-Ville, soit au Palais Bourbon. »

Vinrent des élections ; et, il n'y a pas, il faut bien le dire, les travailleurs eux-mêmes ne crurent pas à la possibilité de la candidature ouvrière ; les uns l'attaquèrent avec acharnement, les autres ne la prirent pas au sérieux. Et le premier candidat — j'ai presque envie de dire la première victime — que le Parti ouvrier posa dans un arrondissement, des plus avancés cependant, obtint à grand peine quelques centaines de voix.

Mais l'élan était donné, la trouée était faite. Les quelques centaines de voix qu'avait obtenu le candidat ouvrier socialiste n'en étaient pas moins quelques centaines d'électeurs qu'on avait arrachés aux bourgeois libéralisant ou radicalisant. Si, au lieu d'affronter la lutte électorale, on eût préconisé l'abstention, ces quelques centaines d'électeurs auraient, comme par le passé, voté pour le candidat bourgeois qu'ils auraient crû le plus radical.

Loin de se laisser abattre par ce début peu encourageant cependant, on redoubla d'énergie, on multiplia les réunions publiques contradictoires.

Il fallait, à tout prix, réhabituer le peuple au mot : Socialisme, et le faire revivre. D'autres élections vinrent. Les candidats ouvriers trouvèrent plus facilement des citoyens qui voulurent faire partie de leur comité électoral et signer leurs affiches. Ils furent plus écoutés dans les réunions publiques ; en revanche, leurs adversaires le furent un peu moins. Il devint même dangereux pour eux d'attaquer la Commune et les communeux ; il devint facile pour nous de leur rappeler leurs massacres de la semaine sanglante.

De quelques centaines de voix, nous arrivâmes à en obtenir des milliers. Enfin, poursuivant sans relâche, sans découragement, sans compromission, notre œuvre de transformation sociale, nous sommes parvenus, en moins de quelques années, à conquérir plusieurs arrondissements de Paris, à remuer la province, à semer partout l'idée socialiste révolutionnaire et à compter aujourd'hui neuf élus à l'Hôtel-de-Ville, c'est-à-dire neuf socialistes à la place desquels siégeraient neuf radicaux ou autres, si nous n'étions intervenus dans la lutte électorale.

Et je n'en ai pas fini. Il me reste bien d'autres résultats et d'excellents à énumérer. Je m'en acquitterai dans le chapitre suivant, car je tiens à bien prouver que ce n'est pas en préconisant l'abstention qu'on réveillera jamais les endormis !

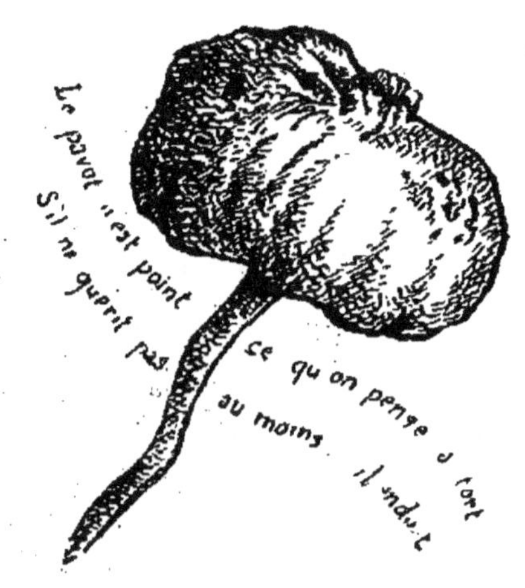

XI

L'ACTION ÉLECTORALE

Voici un titre qui va faire bondir les partisans acharnés de l'abstention et tous ceux qui croient faire de l'action révolutionnaire en protestant par leur silence, en restant chez eux les jours où tant d'autres courent aux urnes pour y glisser les noms de ceux qui nous gouverneront tambour-battant et la mèche allumée.

Eh bien, oui, je dis l'action électorale, et je me fais fort de justifier ce titre par des preuves à l'appui. Je l'ai dit bien souvent et je ne manque jamais l'occasion de le répéter : Je suis un impatient ! Et je fais tous mes efforts pour communiquer mon impatience aux résignés et leur faire comprendre qu'il y aurait mieux à faire que de se chamailler à coups de bulletins de vote ! Mais que de fois, hélas ! j'en ai vu qui riaient de mes emportements, de mon désespoir, de mes diatribes contre les puissants, contre les iniquités sociales, contre les injustices et les misères dont ils étaient eux-mêmes les premiers à souffrir.

Allez donc demander à ces gens là un acte viril? Deux heures d'énergie seulement? La misère, la servitude, la soumission les a tellement atrophiés, que ceux qui ont le courage de leur montrer l'état pitoyable dans lequel ils sont tombés, leur deviennent plus odieux que ceux qui les y ont précipités.

Mais là n'est pas la question, et j'y reviens.

Un des grands arguments à l'usage des abstentionistes, c'est que les élus, si intègres soient-ils, arriveront forcément à se corrompre au contact des politiciens, des ambitieux qui forment le plus bel ornement des corps élus. Et comme preuve à l'appui, on nous cite Nadaud, l'ouvrier maçon ; Tolain, l'ouvrier ciseleur, l'un des fondateurs de cette Internationale des travailleurs qui fit un instant trembler l'empire et inspira à la bourgeoisie une frayeur dont elle n'est pas encore revenue.

Eh bien, je le déclare bien haut : Nous n'avons pas à craindre de trouver parmi nous des Tolain et des Nadaud. Les hommes que les ouvriers de Paris ont envoyé siéger au Conseil municipal, en un mot, les élus du Parti ouvrier, n'ont cessé de nous prouver jusqu'ici qu'on pouvait parfaitement défendre les intérêts des travailleurs, se faire les interprètes de leurs revendications au sein des assemblées délibérantes, sans se laisser corrompre, ni même attiédir. Je sais bien qu'on se hâtera de me répondre : Mais attendez donc. Si ça n'est pas encore arrivé, qui vous dit que ça n'arrivera pas ?

Soit. Mais, à votre tour, attendez donc aussi.

Bien que nous soyons absolument convaincus de l'intégrité des hommes que nous proposons aux suffrages des travailleurs, nous avons voulu, bien plus pour ceux-ci que pour nous, prendre des précautions et nous avons exigé des garanties, à savoir : La démission en blanc du candidat remise au comité qui présente sa candidature.

« La belle affaire ! M'objectera-t-on, en admettant que vous voulussiez faire usage de cette démission, vous auriez la loi contre vous, puisqu'elle ne reconnaît ni le mandat impératif, ni le moyen que vous préconisez. »

Nous savons tout cela. Mais admettez-vous qu'un élu oserait aller reprendre son siège au Conseil municipal ou à l'Assemblée, alors qu'on aurait donné publiquement connaissance de sa démission à la tribune du Conseil municipal ou du Palais-Bourbon ?

Il serait baffoué par ses collègues et par tous ses électeurs. Il n'aurait plus la moindre autorité ; en un mot, il n'existerait plus. S'il persistait à vouloir exercer son mandat, il lui arriverait qu'un jour, on irait l'attendre sur la place de l'Hôtel-de-Ville ou sur la place de la Concorde et qu'on lui flanquerait une correction qui l'obligerait bien à rester chez lui. Ce sont, dira-t-on peut-être, de singuliers moyens ? Mais que voulez-vous, puisqu'on n'en a point d'autres, il faut bien employer ceux qu'on a.

Quant au Nadaud et au Tolain qu'on nous reproche toujours et à tort ; mais ils n'ont rien à faire avec le Parti ouvrier tel qu'il est organisé aujourd'hui. Ils n'ont pas été élus sous son patronage.

Ils se défendent même bien d'y appartenir. Ils en repoussent même hautement le drapeau et les revendications. Ils se déclarent contre ses considérants et repoussent avec horreur la lutte des classes. Les Tolain et les Nadaud sont les produits des compromissions avec la bourgeoisie. Ils n'ont été élus qu'après avoir été portés sur des listes de radicaux et patronés à grands renforts de grosse-caisse, d'affiches, non seulement par les radicaux mais même par les opportunistes qui, pour avoir l'air de donner satisfaction à la classe ouvrière, ont tenu à patroner des hommes de l'atelier dont les idées ne les effrayaient pas et qu'ils étaient sûrs de diriger comme ils l'entendraient. Les Tolain et les Nadaud n'ont donc pas été élus avec un programme nettement défini. Ils ne l'ont été qu'en abandonnant leur passé et ceux dans les rangs desquels ils avaient toujours combattu. Les bourgeois sont donc seuls en droit de les revendiquer, car ils en ont adopté, non seulement le programme, mais bien les coutumes et les manières d'agir envers leurs électeurs, au contrôle desquels ils ont tenu à se soustraire en repoussant dédaignement le mandat impératif ou tout autre moyen de nature à les laisser sous la dépendance de ceux qui les ont élus.

Il n'y a donc pas à nous les donner comme types d'ouvriers élus et corrompus au contact des policiers. Les Tolain et les Nadaud ne relèvent nullement du Parti ouvrier mais seulement de la bourgeoisie. Et sont-ils les seuls coupables? Non, non, mille fois non ! S'ils ont été élus, il faut bien reconnaître qu'ils ne l'ont pas été par l'opération du Saint-Esprit, mais bien par une majorité composée en grande partie de travailleurs qui, n'ayant exigé d'eux aucune garantie, sont par cela même responsables des écarts de leurs mandants. Donc si la dignité, le respect aux devoirs a tant fait défaut aux élus jusqu'ici, la faute en est bien moins à ceux-ci qu'aux corps électoral qui a toujours négligé d'exiger des garanties qui lui auraient permis de se débarrasser, dans les vingt-quatre heures, d'un incapable ou d'un traître.

« Mais, disent encore les abstentionistes, attendrez-vous pour balayer la place et faire la Révolution, que les socialistes révolutionnaires soient en majorité dans les corps élus? S'ils en est ainsi, vous êtes bien obligé d'avouer qu'il faudra attendre bien des siècles encore ! »

Je répondrai tout d'abord que c'est après le peuple que nous attendons et qu'il ne se presse guère. A part cela, j'avoue, et sans effort, que si les travailleurs ont l'extrême patience d'attendre qu'il y ait à la Chambre et au Conseil municipal une majorité pour y décréter la Révolution, qu'on enterrera avant bien des générations. Mais je me hâte d'ajouter que ce n'est point l'énergie et le mouvement qui se dégageront du système abstentioniste, qui avanceront d'une heure l'avènement de la Révolution sociale.

Dans tous les cas, il ne tiendrait qu'aux travailleurs, qu'aux malmenés, qu'aux exploités que les socialistes-révolutionnaires fussent, et avant peu, en majorité dans les corps élus. Oh ! je sais aussi bien que n'importe qui, que le jour où les travailleurs sauront faire un aussi bon usage de leur bulletin de vote, il y aura mieux à attendre d'eux. Certainement. Mais ils n'en sont pas là et il faut les y amener malgré eux. Après tout, supposons-nous en majorité ; eh bien. oui, ce serait la Révolution ! Et nul n'ignore qu'il nous suffirait même d'une bonne minorité.

Oui, mais si ces socialistes en majorité employaient pour mâter le peuple à leur tour, les moyens employés par les dirigeants passés et présents ?

Eh bien, ils seraient culbutés en un clin-d'œil, car il ne faut pas oublier qu'ils n'auraient plus affaire à des électeurs patients, résignés et coulants, mais bien à des hommes qui sauraient, ceux là, courir aux fusils et faire bonne et prompte justice des traîtres.

Je me garderai bien de mettre en doute la bonne foi des apôtres de l'abstention ; mais enfin, qu'elle singulière théorie que celle qui consiste à préconiser l'inertie pour dominer la force ; à recommander le sommeil pour produire le mouvement, l'énergie et la vie. Mais cette médication fait la joie des réactionnaires ; ils n'osent pas l'écrire, ni le dire, mais ils le pensent, ils n'ont pas d'auxiliaires plus précieux aux jours d'élections que ceux qui viennent dire aux exploités, aux travailleurs, enfin : Ne votez pas ; tous les candidats sont des fourbes. Que vous votiez pour le candidat bourgeois ou pour le candidat révolutionnaire, vous n'en serez pas moins Gros-Jean comme devant !

Les bourgeois se réjouissent d'entendre ce langage, et pour peu, ils feraient chorus avec les apôtres de l'abstention, car voici ce qu'ils disent : Plus il y aura d'abstentions parmi les ouvriers, plus nous serons certains de passer. Et ils ont raison, les malins, car voici ce qui se produit : c'est que pendant que ceux qui auraient intérêt à voter pour des hommes de leur classe, pour des travailleurs et des exploités comme eux, pendant que ceux-ci, dis-je, s'abstiennent, les inconscients, les traîtres à leur classe et à leurs intérêts, et nos ennemis se gardent bien de s'abstenir. De sorte qu'ils envoient siéger au Conseil municipal et au Palais-Bourbon nos adversaires déclarés, et que, bon gré mal gré, nous sommes obligés de les subir et d'en passer par les arrêtés, lois et décrets à l'aide desquels ils continuent à nous asservir et à nous mâter le jour où nous manifestons la moindre véléité de mécontentement.

Et j'ajouterai que les abstentionistes eux-mêmes ne sont pas les derniers à subir les effets de leur singulière médication.

*
* *

Il y aurait certainement mauvaise foi à ne pas reconnaître les services qu'ont déjà rendus les dix conseillers socialistes qui siègent à l'Hôtel de Ville de Paris. Si les réformes qu'ils n'ont cessé de réclamer n'ont pas encore été réalisées, au moins elles ont été discutées, ce qui n'avait pas eu lieu avant leur présence au Conseil ; de plus, ils ont clairement démontré que ce qu'ils réclamaient était possible et prouvé ainsi aux travailleurs la mauvaise volonté des républicains de toute nuance, à qui les exploités accordent encore leur confiance.

Si les propositions faites par les conseillers socialistes ont été repoussées, n'est-ce pas justement parce que l'élément hostile aux revendications ouvrières est encore en majorité à l'Hôtel de Ville ? En serait-il de même si les socialistes y étaient en majorité. Mais non, leurs propositions auraient été adoptées et de suite mises en pratique.

« Oui, mais alors, me diront les abstentionistes, pour arrêter l'élan du Conseil, on l'aurait dissous ». Eh bien, on aurait réélu les mêmes hommes ; sous cette impression, les élections auraient eu un caractère plus accentué. Si on eut dissous encore le nouveau Conseil, eh bien, ça aurait fait du tapage. Et qui nous dit que tout cela n'aurait pas provoqué un mouvement dont les révolutionnaires auraient pu profiter ?

Ce qu'il y a de bizarre dans tout cela, c'est que les abstentionistes, et des non moins acharnés, ne s'en hâtent pas moins de bénéficier des améliorations et des réformes obtenues par des élus dont ils ont combattu l'élection avec une vigueur qui tenait de la haine.

N'est-ce pas ce qui a lieu pour la « Bourse du Travail », appelée à remplacer les bureaux de placement, le *coin de rue*, et tous les endroits où les ouvriers allaient, à l'injure du temps, attendre l'embauche ? C'est ce qui aura lieu aussi quand, par suite d'efforts et de persévérance, les socialistes du Conseil auront obtenu la limitation de la journée de travail à huit heures, sans diminution de salaire ; puis la suppression du marchandage et autres améliorations qui ne seront certes pas la solution de la question sociale, mais qui n'en seront pas moins un acheminement rapide, en ce sens qu'en éclairant les travailleurs sur leurs droits, cela leur démontrera que nos théories, considérées comme irréalisables, pourraient être au contraire immédiatement réalisées s'ils le voulaient, et que ce n'est pas en se plongeant dans le sommeil de l'abstention, qu'ils obtiendront jamais quoique ce soit.

*
* *

Pour célébrer le 18 Mars, cette année, le Conseil municipal de Saint-Ouen inaugure un hospice destiné à recevoir les vieux travailleurs, ou pour mieux dire, les invalides du travail.

Eh bien, voyons, si les électeurs socialistes de Saint-Ouen s'étaient abstenus aux dernières élections municipales, au lieu de socialistes au Conseil, il y aurait eu des réactionnaires, et sur l'emplacement où est situé aujourd'hui cet hospice ouvert à nos vieillards, nous y aurions peut-être un couvent ou une église de plus.

Tenez, je suis convaincu que ceux qui se sont abstenus à Saint-Ouen le jour du vote, ne se feront pas fi d'aller frapper un jour à la porte de cet hospice, où ils auront le droit d'asile absolument comme s'ils avaient contribué à sa fondation. Il y a là un manque de logique et de dévouement à la Révolution qui devraient bien donner à réfléchir, aussi bien à ceux qui s'abstiennent par principe qu'à ceux qui s'abstiennent par indifférence et qui méritent bien les mille misères qui les accablent et en font des parias !

*
* *

Bien d'autres résultats ont été obtenus par la tenacité de nos élus et combien d'autres le seront encore si les électeurs les épaulent dans les luttes de chaque jour qu'ils ont à livrer et à soutenir contre le pouvoir qui se regimbe, d'autant plus qu'il se sent battu en brèche et dans l'obligation de faire des concessions qui sont une atteinte portée à la toute puissance qu'il avait exercée jusqu'à ce jour.

A côté de ces résultats matériels, de non moins sérieux ont été obtenus, et cela, je ne crains pas de le dire, au point de vue de l'action révolution-naire même.

De cinq à six cents voix que le Parti ouvrier obtient à Montmartre, la première fois que nous y présentons un candidat ouvrier, nous en obtenons plus de dix mille aux dernières élections munici-pales. Cependant Montmartre passait pour inac-cessible ; c'était, disait-on, la citadelle du radica-lisme. Essayer d'en déloger M. Clémenceau, était une folie. Et voilà qu'aujourd'hui, deux quartiers de ce Montmartre, sont représentés à l'Hôtel de Ville, par deux élus du Parti ouvrier. N'est-ce donc pas un progrès, un résultat énorme, que d'avoir arraché ces dix mille électeurs au pro-gramme des radicaux. Ne sommes-nous pas en droit de dire que c'est non-seulement des milliers d'électeurs que nous avons amené à notre pro-gramme de revendications sociales, mais bien mieux des milliers de combattants que nous avons enrôlés dans les rangs des combattants de la revanche du prolétariat ?

Et n'est-ce pas depuis que le Parti ouvrier est entré en lutte en se plaçant au point de vue électorale, sur le terrain de la lutte de classes et de la candidature ouvrière que les campagnes électorales sont devenues ardentes, passionnées, et surtout autrement difficiles pour nos adversaires ? N'avons-nous pas amené ceux-ci à des aveux, à des concessions ? Ne les avons-nous pas obligés à reconnaître la légitimité de nos revendications, à accentuer leur programme, à puiser dans le nôtre et à s'affubler du titre de socialistes pour tâcher de conserver une clientèle qui leur échappe de jour en jour ? Est-ce que tout cela n'a pas plus éclairé les travailleurs que tous les articles que nous avons pu écrire dans les journaux, et que tous les discours que nous avons pu faire dans les conférences et les réunions publiques où nos contradicteurs brillent toujours par leur absence ?

N'est-ce pas aussi à partir de l'entrée en lutte du Parti ouvrier que les candidats officiels de la bourgeoisie ont perdu de ce prestige qu'ils exerçaient sur les travailleurs ? Mais, auparavant, ils leur suffisaient de se présenter pour que les électeurs s'inclinassent. Et qui donc aurait osé les interpeler, voire même leur poser très respectueusement une simple question ? Allons donc, ils trônaient dans les réunions publiques électorales comme dans leur usine. Aujourd'hui, ils en ont tellement rabattu que c'est à peine s'ils osent venir en personne défendre leur précieuse candidature,

tant ils ont peur des interpellations, des questions embarrassantes, des quolibets des électeurs,
qui ne prennent plus de gants pour leur dire ce
qu'ils pensent, et au besoin, pour les reconduire
avec accompagnement de coups de sifflets et de
trognons de pomme.

Ce respect, qui était de la crainte et de la servi-
lité de la part des électeurs, n'existe déjà plus, et
ma foi, c'est autant de pris sur l'ennemi.

Et cela est tellement vrai, que c'est une des
raisons, et la principale peut-être, qui a fait que
les bourgeois se sont mis à la recherche d'un mode
de scrutin qui les dispense, à l'avenir, d'avoir à
comparaître devant leurs électeurs. Et c'est ainsi
qu'ils nous ont doté du scrutin de liste.

Les entraves que les bourgeois apportent pour
empêcher les ouvriers de voter selon leurs intérêts, les persécutions dont sont victimes les ouvriers
qui ont le courage de leur opinion et, en particulier, ceux qui ont le courage beaucoup plus grand
encore d'accepter une candidature, les efforts des
dirigeants pour châtrer le suffrage universel, ne
devraient-ils pas suffire aux abstentionistes pour
les convaincre que leur théorie fait la joie des
réactionnaires qui, s'ils l'osaient, décréteraient
l'abolition du suffrage universel. Et dans ce cas,
ce décret répondant à leur prédilection, que feraient les abstentionistes ? S'abstiendraient-ils, alors
que tant d'autres seraient dans la rue pour empêcher l'étranglement du suffrage universel ?

Eh quoi, se plaindra-t-on que les élections font
des victimes parmi les exploités, où, qu'à la suite
d'élections, des ouvriers ont été renvoyés des

usines où ils travaillaient depuis bien des années, que d'autres ont eu à subir des persécutions de toutes sortes ?... Eh bien, oui, cela est vrai. Mais des victimes, il y en a tous les jours et par milliers et qui supportent les coups qui les atteignent, sans se préoccuper, ni d'où, ni de qui ils viennent. Dans l'autre cas, les victimes, au contraire, ont conscience des coups qui les frappent et ils en connaissent les auteurs. C'est une mince consolation, j'en conviens, mais quoi, n'est-ce pas à cette école que se forment les révoltés ? Or, ces luttes, ces persécutions, résultat, si vous le voulez, des élections, loin de nuire à l'idée révolutionnaire, lui sont au contraire des plus favorables.

N'est-ce pas aussi à l'aide du mouvement qui se produit aux époques d'élections que nous sommes parvenus à sortir la province de l'engourdissement dans lequel elle était plongée depuis 1871 ? Là, plus que partout ailleurs, encore les députés ordinaires de la bourgeoisie trônaient en maîtres et conduisaient les électeurs aux urnes comme un troupeau de moutons. Allez-y donc voir maintenant, mais tout cela est changé. Ces messieurs le disent eux mêmes : « On nous a corrompu notre personnel électoral ; nos électeurs sont devenus des moutons enragés. » Et, ça n'est plus qu'en tremblant, je vous l'assure, qu'ils se risquent dans les quelques réunions publiques où, bien malgré eux, ils sont obligés de se rendre et où ils savent bien qu'ils seront houspillés malgré leur situation pécuniaire et industrielle, et cela souvent par l'électeur le plus pauvre de la commune. Il en cuira peut-être à ce dernier, mais qu'importe, l'effet n'en sera pas moins produit, le prestige du maître n'en sera pas moins diminué, et c'est autant d'acquis à l'idée d'affranchissement, et par contre à la Révolution.

Eh ! oui, parbleu ! Avant l'entrée en lutte du Parti-Ouvrier armé de son programme et de ses considérants. les élections n'étaient autre qu'une partie de loto et c'était toujours les mêmes qui faisaient quine. Tout cela se passait en famille. On ne s'en voulait pas plus au lendemain du vote que la veille. Mais aujourd'hui, avant, pendant et après, on se querelle, on se boude, on en arrive à ne plus se pardonner. Dans bien des endroits même, les élections ont suscité une véritable vendetta. Je connais des frères ennemis, des familles irréconciliables.

Pensez donc, Jean le mineur, l'ouvrier à trois francs par jour, le meurt-de-faim a osé poser sa candidature en face de celle de M. le marquis ou de sa majesté le directeur des mines. Il a eu le toupet de lui reprocher de s'enrichir aux dépens des travailleurs. Il lui en a dit bien d'autres et en présence des serfs de la mine qui ouvraient les oreilles et qui applaudissaient à tout rompre. Après lui le directeur a voulu parler, mais il a baffouillé et ses serfs se sont permis de rire. Jean le mineur qu'on croyait un âne bâté a eu raison du beau monsieur qu'on disait un puits de science.

Allons, allons, si abstentioniste soit-on, on aurait mavaise grâce à nier les excellents résultats obtenus à l'aide des périodes électorales, à nier qu'elles n'ont pas servi à porter la lutte sociale sur son véritable terrain, qu'elles n'ont pas contribué à établir clairement l'antagonisme des classes et des intérêts qui font qu'il ne peut y avoir de réconciliation possible entre les possédants et les dépossédés, les exploiteurs qui regorgent de tout et les exploités qui traînent la guenille et manquent de pain !

Etre abstentioniste, ce n'est servir ni une cause ni un principe. Ceux qui prétendent faire de la propagande anarchiste en préconisant l'abstention, ont une étrange façon d'essayer de faire prévaloir leur théorie en recommandant au peuple de protester par le silence. Et alors, que de courageux citoyens sacrifient leurs intérêts, leur gagne pain, en attaquant de front l'ennemi commun, les abstentionistes restent tranquillement chez eux, ne s'exposent à rien, à aucun danger, à aucune haine ou vengeance patronale et continuent à garder leur place et leur travail, alors que les autres en sont chassés comme des hommes dangereux, qu'à défaut de les pouvoir faire fusiller, les patrons condamnent à mort par la faim !

Quant on songe à tout ce qu'il y a encore à faire pour convaincre les travailleurs et les amener à prendre place dans les rangs de cette grande armée prolétarienne, sans laquelle il sera impossible de faire la Révolution, quand on songe à l'excellente besogne que pourraient faire deux ou trois des nôtres à l'Assemblée nationale, deux ou trois des nôtres parlant au nom des travailleurs et y exposant leurs revendications, deux ou trois des nôtres dont les paroles auraient un retentissement universel, alors que ce que nous disons dans les conférences et les réunions ne dépasse guère le seuil de la porte, on se demande comment des hommes, se disant dévoués à la Révolution, peuvent aux jours d'élection oser prêcher l'abstention, c'est-à-dire, bien plus que la résignation, mais la désertion.

Et cela est tellement vrai, qu'il est deux cas où nos adversaires n'hésiteraient pas à dénouer les cordons de leur bourse, d'une part, pour payer ceux qui voudraient bien leur donner leurs voix, de l'autre, ceux qui consentiraient à s'abstenir ; car dans l'un et l'autre cas, ils seraient certains d'obtenir le même résultat, c'est-à-dire d'être élus à une grande majorité.

De sorte que s'abstenir, consciemment ou non, c'est faire le jeu de nos adversaires et trahir la Révolution !

III

PROGRAMME MUNICIPAL
DU PARTI OUVRIER

Maintenant que nous avons examiné les considérants du programme du Parti ouvrier et que nous avons pu en apprécier la portée au point de vue du but à atteindre, nous allons passer aux articles du programme à la fois municipal et législatif.

Il est bien entendu que nous n'avons pas la prétention, et nous l'avons toujours déclaré, de résoudre le problème social à l'aide de ce programme que nous considérons comme un programme minimum. Néanmoins, on verra, à mesure que nous le développerons, que l'on pourrait, si l'on voulait le mettre en pratique, apporter de suite une véritable amélioration au sort du peuple qui attend depuis un siècle que la bourgeoisie veuille bien le faire bénéficier des progrès accomplis à la suite des révolutions pour lesquelles il a versé son sang.

PARTIE POLITIQUE

La Commune maîtresse de son administration, de sa police, de son armée.

Toute l'existence de la Commune et du peuple est contenue dans ces quelques mots.

Mais rien que ce titre : *Partie politique*, soulève déjà des protestations de la part de nos adversaires. Ceux-ci prétendent, tout en pensant et tout en faisant le contraire, que les fonctions municipales doivent être absolument indépendantes de la question politique. Le mandat d'un conseiller municipal, disent-ils, est simplement administratif, et c'est assez. Il ne doit apporter dans l'exercice de ses fonctions aucun esprit de parti ; il doit en exclure la politique. Mais cela n'empêche pas nos adversaires de mettre en très gros caractères, en tête, au beau milieu et au bas de leur profession de foi, non seulement l'opinion qu'ils représentent, mais encore d'en accentuer la nuance. Et c'est ainsi que nous les avons vus passer en quelques temps par toutes les couleurs de l'arc-en-ciel, et de blancs ou de bleus devenir écarlates. Ils ne manquent jamais non plus de rappeler les services qu'ils s'imaginent avoir rendus et qu'ils exagèrent, et enfin tout ce qu'ils croient de nature à capter les suffrages des électeurs toujours trop confiants.

Nos adversaires font tellement bien de la question municipale une question politique, qu'à un candidat conservateur, ils se hâtent d'opposer les uns un opportuniste, les autres un radical, et qu'en haine ou par crainte du candidat du Parti ouvrier, ils se liguent tous contre lui pour le faire échouer et s'en partager les dépouilles.

Eh bien, nous qui ne mettons pas notre drapeau dans notre poche et qui ne cachons pas ce que nous pensons, nous déclarons hautement que l'on ne peut, actuellement du moins, séparer la question politique de la question économique, et que l'on doit, lorsqu'on choisit un candidat pour le Conseil municipal, être fixé et bien fixé, non seulement sur ses opinions politiques, mais aussi sur ses opinions philosophiques et religieuses. Ce n'est qu'à cette condition que nous pourrons être sûrs de la façon dont il administrera et que nous ne verrons pas pousser des couvents et des églises là où il faudra des asiles, des écoles, des marchés et autres établissements d'utilité publique.

Il va de soi que ceux qui votent pour un candidat se déclarant conservateur, ne voudraient à aucun prix voir réussir la candidature de son adversaire le socialiste, et *vice versa*. Il va de soi aussi que les propositions de l'un ne seront nullement celles de l'autre. Chaque électeur choisit donc celui des candidats qui se rapproche le plus de ses idées. Or, candidats et électeurs font acte politique, les uns en déclinant leurs titres et qualités, les autres en préférant celui-ci à celui-là.

Tout cela est d'une simplicité élémentaire et vraiment, il n'y a pas lieu de s'y arrêter plus longtemps.

A l'époque troublée que nous traversons, et en présence des dangers intérieurs et extérieurs qui nous menacent, on ne saurait trop s'appliquer à faire comprendre aux électeurs l'importance des conseils municipaux. Ce n'est certainement pas au Palais-Bourbon que se fait la bonne besogne de chaque jour. On considère généralement, et bien à tort, que le mandat de député est supérieur à celui de conseiller municipal. On attache beaucoup plus d'importance à l'élection d'un député, et cependant celui-ci élu, son rôle devient absolument politique, tandis que le conseiller municipal est le comptable de la commune, du quartier qu'il représente. Il est tous les jours aux prises avec des difficultés qu'il faut résoudre. On peut dire, et sans exagération, qu'un conseiller municipal est à la commune ce que la ménagère est à la famille. Comme elle, il tient la queue de la poële. Il doit répondre aux besoins journaliers, assurer ceux du lendemain, tout en se montrant économe des deniers publics.

C'est lui qui est chargé de nous faire distribuer l'eau, la lumière; de veiller à l'instruction des enfants, à la subsistance des pauvres, de pourvoir aux secours à donner aux malades, aux vieillards; de veiller à tout enfin, et cela en ne disposant que de ressources presque toujours insuffisantes.

Tout cela est si vrai, qu'à la moindre paniqeu, ce n'est pas à l'Assemblée nationale qu'on songe, mais à la mairie, à la maison commune. C'est là où l'on court en foule. Et aux grands jours, ce ne sont pas seulement des subsistances qu'on y vient chercher, mais des armes et des munitions. Croyez-le bien, mes chers camarades, c'est encore à l'Hôtel de Ville, la maison du peuple, que nous reverrons flotter le drapeau des revendications prolétariennes et non au Palais-Bourbon où le temps se passe en prises de bec entre des alcoolisés à la Freppel et des épileptiques à la Paul de Cassagnac.

Du reste, au fur et à mesure que nous développerons les articles de ce programme, il sera facile à nos lecteurs d'apprécier l'importance du mandat de Conseiller municipal et l'influence qu'auront les Conseils municipaux, au point de vue d'une transformation sociale basée sur les principes de la justice et de l'égalité.

Qu'on ne croit pas que j'exagère l'influence que pourraient exercer les Conseils municipaux sur les destinées de la République, minée par les politiciens, par les intrigants et par les prétendants du droit divin et de l'appel au peuple, avec la patience des araignées qui tendent leur toile.

Qu'on se reporte pour un instant aux premières années de la Révolution française, à ce grand mouvement qui s'opéra dans toute la France, à ce magnifique enthousiasme qui s'empara des communes, en qui, en quelques jours, organisa ces fédérations, comprenant de onze à douze cent mille magistrats municipaux, tous inspirés des mêmes sentiments, tous debout contre le retour de l'ancien régime, ne songeant plus qu'au triomphe de l'idée nouvelle et à l'unité de la France !

Cette France nouvelle aurait-elle jamais pu triompher de tous les ennemis qui conspiraient contre elle à l'intérieur et à l'extérieur sans cette impulsion donnée à tous, par cet admirable sentiment du danger qui fit qu'on oublia les vieilles rancunes, les querelles de clocher, les différences de coutumes et de règlements, pour ne plus songer qu'au péril commun et au salut de tous ?

N'est-ce pas à ce magnifique ensemble de sentiments que cette France rajeunit par la Révolution, improvisa des armées, qu'elle enfanta des légions de héros et des hommes de guerre aussi grands par leur génie militaire que par leur désintéressement à la chose publique, à la France libre pour la première fois ?

Après tant de luttes, tant de déceptions ; après une expérience si chèrement acquise, ne pourrions-nous pas retrouver cette unité de sentiments et d'action pour le triomphe des idées modernes ? Ne saurions-nous pas faire ce qu'ont fait autrefois ces hommes du peuple, moins expérimentés et moins instruits que nous encore, pour s'affranchir du joug féodal ? Ah ! je vous le demande ? que pourraient le gouvernement, son armée, sa police contre tous nos conseillers municipaux, interprètes de nos sentimens de justice et d'émancipation, formant à eux seuls une armée de plus de 7 à 800,000 représentants de l'opinion publique et qui n'auraient qu'un signe à faire, qu'un mot à dire pour voir se lever, la formidable armée de leurs millions d'électeurs ?

Les bourgeois ne peuvent le nier, ils ont profité de ce grand mouvement national des communes et ils ont su, comme toujours, l'exploiter au mieux de leurs intérêts. Si les municipalités en 1789 et 1790 ont sauvé la France et achevé l'unité de la patrie, le rôle des municipalités d'aujourd'hui est d'achever l'œuvre de leurs aînées, en marchant ensemble, non plus au nom de l'unité de la France, ce qui est un fait accompli, mais pour nous débarrasser des politiciens incapables, des intrigants, des bavards à langues dorées, des ambitieux à panaches, des traîneurs de sabre et fonder enfin la vraie République, la République sociale.

Telle est l'œuvre considérable, grandiose, à jamais immortelle que les Conseils municipaux peuvent accomplir, si les travailleurs de toute la France, si les serfs de la nouvelle féodalité capitaliste, si les exploités des mines, des hauts-fourneaux, imitant les Jacques, les serfs de la terre en 1789, veulent marcher aux urnes le jour des élections générales municipales avec ce mot d'ordre : Liberté, Égalité, Justice, émancipation, transformation sociale !

Ne serait-ce pas la revanche du Prolétariat spolié sur la bourgeoisie égoïste et spoliatrice ? Ne serait-ce pas la fin des privilèges et des monopoles ? Ne serait-ce pas la France transformée comme par enchantement, sans que la bourgeoisie osât affronter la bataille, tant elle serait convaincue d'avance de subir le sort de ceux qui, en 1792 et 1793, essayèrent d'entraver la marche des idées de liberté proclamées par la Révolution de 1789.

ARTICLE PREMIER. — *Nomination des maires et adjoints enlevée au Gouvernement, et élection d'une administration municipale par la commune.*

Cet article concerne plus particulièrement la ville de Paris, de ce grand Paris qui, comme nos lecteurs le savent, est encore sous la tutelle de deux potentats imposés par le Gouvernement pour faire échec au suffrage universel.

Le premier de ces potentats est M. le Préfet de la Seine, l'autre, M. le Préfet de police. Voilà bien longtemps déjà qu'on réclame à grands cris le droit pour Paris de nommer son maire pour n'avoir plus à subir l'autorité despotique d'un fonctionnaire qu'on peut appeler sans exagération : le roi de Paris. Je veux dire sa majesté le Préfet de la Seine, assisté de son compère son éminence le Préfet de police. Voyons, ne serait-il pas temps de conformer notre organisation municipale aux idées modernes et aux institutions républicaines. Ne serait-il pas logique qu'un Conseil municipal, composé d'hommes qui tiennent leur mandat du suffrage universel, ne fut plus sous la dépendance d'un fonctionnaire imposé par le Gouvernement ? et qui, cela va sans dire, ne tient sa sinécure que du favoritisme et de la protection.

Cet homme est tellement bien l'incarnation de ceux qui l'ont placé au poste qu'il occupe, qu'il est toujours et toujours contre les propositions des conseillers municipaux, je ne dirai pas socialistes, mais même radicaux. Il ne semble être là

que pour embrouiller et compliquer les questions ;
envenimer les débats et annuler les délibérations ;
apporter entraves, par tous les moyens en son
pouvoir — et ce ne sont pas les moyens qui lui
manquent — aux élans et aux efforts des hommes
de progrès qui sont obligés de s'incliner, de céder
devant la volonté suprême de ce fonctionnaire,
par trop officiel, qui ne devrait être, en somme,
que le simple employé, que l'exécuteur des déci-
sions du Conseil municipal. Et c'est tout le
contraire qui existe : le Conseil municipal pro-
pose, et M. le préfet dispose.

De là les tiraillements qui existent à l'Hôtel-de-
Ville ; de là les retards apportés à la réalisation de
bien des réformes, à l'exécution d'un grand
nombre de travaux, de là aussi quantité de propositions votées après de longues et laborieuses
délibérations jetées au panier, et qui, pourtant,
auraient donné de l'impulsion aux affaires, du
travail aux ouvriers et auraient ainsi amélioré une
situation qui s'aggrave de jour en jour et qui nous
conduira forcément à de nouveaux déchirements
auxquels même nous devons nous préparer, si
nous ne voulons pas être une fois encore écra-
sés et réduits pour longtemps à l'impuissance.

Il faut donc que les travailleurs qui souffrent le
plus de cette situation, il faut donc que tous les
hommes soucieux de l'avenir de la République ne
votent que pour des candidats bien résolus à
exiger la réalisation de cet article. En un mot, il
faut enlever au gouvernement le droit arbitraire
d'imposer aux électeurs et à leurs élus, un maître
qui ne relève que de la protection et du favori-

tisme. Il faut détrôner ce roi de Paris et le remplacer par un maire plus soucieux de l'intérêt de ses administrés que de plaire à ceux qui l'ont placé au poste qu'il occupe et qui ne l'y maintiennent qu'à cette condition.

ART. 2. — *Rénumération des onctions de Conseiller municipal et de toutes celles établiespar la Commune.*

L'esprit de cet article ne peut échapper à personne et ne devrait trouver d'opposants que parmi ceux qui ont intérêt à éloigner des fonctions municipales ceux qui sont les plus intéressés à en être investis, c'est-à-dire les citoyens qui ont à se débattre dans le combat pour la vie, n'ayant pour toutes ressources qu'un salaire insuffisant et incertain et à qui il devient difficile, sinon impossible, de sacrifier aux affaires publiques des heures qu'ils doivent employer à gagner le pain de la famille, alors, qu'au contraire, ils devraient être les premiers à gérer les affaires communes pour combattre et supprimer les privilèges et les monopoles dont jouissent ceux qui les exploitent.

Aussi, lorsque dans les réunions publiques électorales, nous abordons et développons cet article, nos adversaires se *récrient* et ne manquent jamais de dire que nous sommes comme ceux que nous combattons, ambitieux, avides d'honneurs et de jouissances, et que, comme eux aussi, nous voulons vivre de politique et créer pour les nôtres des sinécures. Et ce qu'il y a de plus triste à constater, c'est que de malheureux salariés, de pauvres diables pères d'une nombreuse famille qui danse souvent devant le buffet, font chorus avec les bourgeois qui s'enrichissent à leurs dépens. Loin de voir dans l'acceptation d'un de leurs camarades d'atelier à être candidat, un sacrifice, un acte de dévouement, ils le jalousent, ils le calomnient et emploient tous les moyens pour le faire échouer.

En agissant ainsi, ce n'est pas au candidat ouvrier qu'ils nuisent, c'est à eux mêmes. Ils font la guerre à leurs propres intérêts, et se font de parti pris, les pires ennemis de la classe à laquelle ils appartiennent. Ceux là, et ils sont nombreux encore, sont dignes de la bastonnade patronale et méritent plus de misères qu'ils n'en subissent encore.

D'une autre part, les bourgeois béats et bien dodus s'en vont, répétant que l'homme investi d'une fonction publique ne peut être le premier venu ; qu'il doit, par sa position sociale, inspirer le respect et la confiance ; que sa situation de fortune est une garantie de son honnêteté; qu'étant à l'abri du besoin, il sera plus difficile à acheter, à corrompre ; qu'en outre, c'est ravaler les fonctions publiques que de les rénumérer ; que c'est permettre de supposer que ceux qui sont candidats songent bien plus aux émoluments à toucher qu'au devoir à remplir.

Et comme si ce qui se passe chaque jour ne leur donnait pas un démenti éclatant, ils s'en vont débitant ses rengaines avec l'aplomb et l'outrecuidance boursoufflée qui les caractérisent.

Mais, après tout, nos gaillards ne sont pas aussi

bénêts qu'ils en ont l'air. « Et pourquoi, pensent-ils, enverrions-nous au Conseil municipal des individus qui n'ont ni sou ni mailles ? Quels intérêts auraient ceux-là à être conservateurs ? Ceux qui possèdent ne peuvent décemment pas se faire représenter par ceux qui ne possèdent rien. Ce serait introduire le loup dans la bergerie. »

Et ils ont bien raison. Et si les travailleurs tenaient ce langage en sens inverse, ils auraient avant peu la majorité dans les corps élus. Mais non, pour les exploiter comme pour les représenter, il leur faut des messieurs, et pour capter les suffrages, il suffit au premier badaud venu de déclarer : que s'il aspire à l'honneur de représenter ces concitoyens, ce n'est ni par besoin ni par ambition ; que, retiré des affaires et possesseur d'une fortune qui le rend indépendant, il aura tout le temps nécessaire de se consacrer aux affaires de son quartier ; qu'ayant su gérer ses affaires personnelles, cela prouve qu'il saura aussi bien, si ce n'est mieux, encore gérer celles des autres, etc., etc.

Et des employés qui n'ont pas un rouge liard, qui végètent avec des appointements de 120 à 150 francs, qui vieilliront anémiés par les privations et les fatigues, sans avoir pu mettre un sou de côté ; et des ouvriers rivés au collier de misère jusqu'à la fin de leurs jours ; et des petits commerçants et des petits industriels qui n'ont en perspective que la ruine et la faillite se disent : « Voilà notre homme ! »

Et c'est ainsi que le monsieur à la fortune qui le rend indépendant, s'en va, pour se reposer de sa longue existence de négoce et de tripotage, siéger au Conseil municipal ou au Palais-Bourbon, où il continue à opérer pour son compte en faisant un joli pied de nez aux gogos d'électeurs, qui, du reste, méritent cela et plus encore.

Eh bien, je prétends que rénumérer les fonctions administratives de la Commune, ce n'est en rien discréditer ceux qui les exercent. Les rénumérations qu'on attribuerait aux fonctions de conseillers municipaux ne porteraient pas plus atteinte au caractère de ceux-ci que les émoluments alloués aux députés, aux sénateurs et autres ne touchent à leur dignité.

Il est injuste de ne pas rétribuer les hommes qu'on charge de faire un travail. Mais actuellement, c'est un moyen d'éloigner de certaines fonctions les hommes dévoués et intelligents qui ne peuvent pas faire le sacrifice de leur temps. De sorte que par ce système, maintenu par les dirigeants, certaines fonctions administratives sont un privilège de plus à ajouter à tous ceux dont jouit déjà la classe possédante.

Et quand bien même on me prouverait que les fonctions rétribuées créent des sinécures et que nous voudrions y voir les nôtres, je n'hésiterais pas à répondre que, s'il y a sinécure à vivre des fonctions qu'on remplit, je préfère certainement en déloger ceux qui les occupent depuis trop longtemps pour les y remplacer par des hommes dévoués à la cause de la justice et de l'émancipation sociale.

ART. 5. — *Mise à la disposition des électeurs, des Sociétés ouvrières, des Groupes socialistes des locaux appartenant à la Commune.*

Voici un droit qui, s'il nous était accordé, ne mettrait certainement pas en péril l'ordre capitaliste ! Eh bien, voilà pourtant bon nombre d'années que cette proposition revient au Conseil municipal et que nos élus se heurtent au mauvais vouloir de l'administration.

Ce que nous réclamons est cependant bien simple : Permettre à un conseiller municipal de pouvoir réunir ses électeurs dans un simple préau d'école, le soir, ou dans tout autre local appartenant à la Commune, c'est-à-dire aux électeurs.

Eh bien, jusqu'ici ou à de rares exceptions près, les conseillers municipaux n'ont pu obtenir ce droit. De sorte que n'étant pas rétribués, ils sont obligés encore de faire des dépenses pour convoquer leurs électeurs par voie d'affiches et de les réunir dans un local dont ils doivent payer la location.

Et ajoutons que souvent même ce local n'est pas facile à trouver. Il ne manque pas de localités, d'arrondissements même, et en plein Paris, où il est impossible de trouver un local, soit qu'il soit trop petit, soit que le propriétaire le refuse par hostilité, ou qu'il ne consente à le louer qu'à un prix exorbitant.

Les sociétés et groupes ouvriers n'ayant pas, comme on le sait, de ressources pécuniaires, rencontrent les mêmes difficultés. Mais ici, hâtons-nous d'ajouter que, grâce aux conseillers socialistes de Paris, la création de la Bourse du Travail va les mettre à même d'avoir tous les locaux dont ils ont besoin pour se réunir.

Les raisons que fait valoir l'administration pour refuser les locaux communaux aux électeurs qui ont le bon esprit de vouloir se tenir constamment en rapport avec leurs élus sont tout à fait ridicules. Les préaux d'école, dit-on, ne sont pas faits pour y tenir des réunions politiques ; et c'est justement dans ces mêmes préaux que se font les réunions publiques aux jours d'élections municipales ou législatives. On craint aussi qu'il s'y commette des dégâts. Je vous demande un peu quels sont les dégâts qu'on peut commettre dans un préau d'école où il n'y a guère que des bancs en bois. Et puis, n'y aurait-il pas beaucoup plus à craindre qu'il se commît des dégâts dans les réunions publiques électorales que dans une réunion où un conseiller municipal rendrait compte de son mandat ?

Mais, signe particulier et qui prouve bien que l'administration a deux poids et deux mesures et qu'elle a ses préférés, c'est que nous voyons chaque jour ces dits locaux, qu'on refuse aux groupes ouvriers pour s'y réunir et s'y occuper de leurs intérêts économiques et corporatifs, nous les voyons, dis-je, accordés à des sociétés, à des conférenciers non-seulement pour y traiter des questions littéraires ou scientifiques, mais aussi des questions religieuses, philosophiques et économiques.

Nous ne nous en plaignons pas ; ce n'est qu'à titre de simple contestation que nous signalons ce fait. Nous demandons simplement que ce que l'on accorde aux uns le soit à tous.

Il me semble que ça n'est point se montrer bien exigeant.

*
* *

Je crois pouvoir annoncer à mes lecteurs, qu'avant peu les locaux municipaux, ou tont au moins les préaux d'école, seront à la disposition des électeurs. Les protestations réitérées des conseillers municipaux socialistes de Paris, appuyés par leurs électeurs, ont fini par amener l'administration à un commencement de capitulation.

Quant aux groupes ouvriers de Paris, ils ont, comme je l'ai dit, la Bour e du Travail, où ils peuvent avoir leur bureau et une salle de conférence.

QUESTIONS SOCIALES

A LA PORTÉE DE TOUS

PAR LE CITOYEN

J.-B. CLÉMENT

2ᵉ SÉRIE

N° 2

L'ACTION ÉLECTORALE

— Deuxième mille —

EN VENTE

58, Rue Gréneta, Paris (Imprimerie Perreau)

ET CHEZ TOUS LES LIBRAIRES

Citoyens,

En commençant la deuxième série des **Questions sociales** *à la portée de tous*, je tiens à vous remercier de m'avoir aidé à propager cette œuvre d'émancipation sociale.

Pour me permettre d'en continuer régulièrement la publication, je fais un nouvel appel à votre dévouement en vous priant de me faire parvenir, le plus tôt possible, le montant des brochures que vous avez reçues.

Salut et égalité,   J.-B. C.

La première série des **Questions Sociales à la portée de tous**, se composant de **24** brochures et formant un volume de **396** pages est en vente au prix de **2** fr. **50** broché.

Rendu franco **2** fr. **75** ; les brochures se vendent aussi séparément au prix de **0** fr. **10** chaque.

La deuxième série est en cours de publication. Il paraît une brochure de 16 pages les 1er et 15 de chaque mois ; **24** de ces brochures formeront également un volume de **396** à **400** pages.

Abonnement pour un an : Paris, **2** fr. **50** ; Province, **2** fr. **60**.

NOUVELLES CHANSONS

PARAISSANT EN LIVRAISONS AVEC MUSIQUE

10 Centimes

Paris,   rendu franco : **1** centime en plus
Province,   —   **2**   —   —

EN VENTE

LA COMMUNARDE

S'adresser ou écrire franco au citoyen J.-B. CLÉMENT,
58, rue Grenéta (Imprimerie PERREAU*)*

CORRESPONDANCE

FAUTRAS . . . . Reçu.
GUILLEMIN COSSON . . . . . id.
LIMOUSIN . . . . id.
PHILIPPON . . . . id.
BROSSARD . . . . id.
RONDY . . . . id.

S'adresser ou écrire franco
Au citoyen J.-B. CLÉMENT, 58, rue Grenéta, Paris
(Imprimerie PERREAU)

QUESTIONS SOCIALES

A LA PORTÉE DE TOUS

PAR LE CITOYEN

J.-B. CLÉMENT

2ᵉ SÉRIE

N° 3

PROGRAMME MUNICIPAL DU PARTI OUVRIER

— Deuxième mille —

EN VENTE

58, Rue Grenéta, Paris (Imprimerie PERREAU)

ET CHEZ TOUS LES LIBRAIRES

Citoyens,

En commençant la deuxième série des **Questions sociales** *à la portée de tous*, je tiens à vous remercier de m'avoir aidé à propager cette œuvre d'émancipation sociale.

Pour me permettre d'en continuer régulièrement la publication, je fais un nouvel appel à votre dévouement en vous priant de me faire parvenir, le plus tôt possible, le montant des brochures que vous avez reçues.

Salut et égalité,   J.-B. C.

La première série des **Questious Sociales à la portée de tous**, se composant de **24** brochures et formant un volume de **396** pages est en vente au prix de **2 fr. 50** broché.

Rendu franco **2 fr. 75** ; les brochures se vendent aussi éparément au prix de **0 fr. 10** chaque.

La deuxième série est en cours de publication. Il paraît une brochure de 16 pages les 1ᵉʳ et 15 de chaque mois ; **24** de ces brochures formeront également un volume de **396** à **400** pages.

Abonnement pour un an : Paris, **2 fr. 50** ; Province, **2 fr. 60**.

NOUVELLES CHANSONS

PARAISSANT EN LIVRAISONS AVEC MUSIQUE

10 Centimes

Paris,   rendu franco : **1** centime en plus
Province,   **2**

EN VENTE

LA COMMUNARDE

S'adresser ou écrire franco au citoyen J.-B. CLÉMENT,
58, rue Grenéta (Imprimerie PERREAU*)*

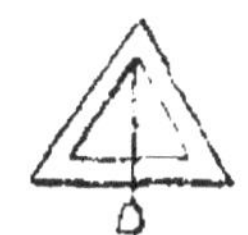

CORRESPONDANCE

VAQUETTE	Reçu.
LARDILLIER	id.
SCHUTZ	id.
VILAIRE	id.
PASCAULT	id.
PIGEON	id.
SALVA	id.

S'adresser ou écrire franco
Au citoyen J.-B. CLÉMENT. 58, rue Grenéta, Paris
(Imprimerie PERREAU)

CORRESPONDANCE

S'adresser ou écrire franco
au Citoyen JEAN-MARIE ou au citoyen J.-B. CLÉMENT
58, rue Grenéta, Paris (Imprimerie PERREAU)

www.ingramcontent.com/pod-product-compliance
Lightning Source LLC
LaVergne TN
LVHW012056030726
842523LV00002B/549